Heidrun und Hans H. Röhr

Kartengrüße zur Weihnachtszeit

frechverlag

Tips und Tricks für Ihre Karten

Alle Bastelarbeiten werden detailliert beschrieben, und die Anfertigung wird Schritt für Schritt gezeigt, damit Sie Ihre Karten genau nacharbeiten können.

Übertragen von Motiven: Die Motive für alle Karten finden Sie in Originalgröße auf dem Vorlagenbogen. In der Regel wird zunächst eine Schablone von dem gewünschten Motiv angefertigt. Fotokopieren Sie dafür den entsprechenden Ausschnitt des Vorlagenbogens, und kleben Sie ihn auf einen dünnen Karton. Genausogut können Sie die Vorlage mit Transparentpapier abpausen oder mit Kohlepapier direkt auf den Karton übertragen. Anschließend wird die Schablone sauber ausgeschnitten.
Eine ganze Serie von Motiven läßt sich damit leicht herstellen: Legen Sie die Schablone auf den gewünschten Bastelkarton, und umfahren Sie dann den Rand mit einem gut gespitzten Bleistift (senkrecht halten!). Nun können Sie die Motive ausschneiden.

Für alle Papierarbeiten benötigen Sie: einen Bleistift, eine gute Schere (neu oder scharfgeschliffen; für stark gekrümmte Schnitte ist eine Nagelschere am besten geeignet); Lineal und Cutter (Messer mit Abbrechklingen) für lange und gerade Schnitte. Achtung: Verwenden Sie für den Cutter eine geeignete Schneideunterlage, z. B. aus dickem Karton. Als Klebstoff empfehlen wir UHU Alleskleber.

Häufig benötigen Sie mehrere gleiche Teile aus Papier. Knicken Sie dafür ein Blatt in der erforderlichen Größe, und heften Sie es mit einem Klammerhefter an den Rändern zusammen, bevor Sie die gewünschten Teile ausschneiden.

Beschriftung: Üben Sie alle Zierschriften besonders mit Gold- oder Silberstiften, und probieren Sie aus, wie man mit Reliefstiften schreiben kann!

Alle Materialangaben sind als Vorschläge und Anregungen gedacht. Die Bastelarbeiten gelingen genausogut, wenn Sie einige Teile oder Farben nach Ihren Vorlieben und Wünschen abwandeln. Im Fachhandel werden Sie gerne bei der Auswahl anderer Materialien beraten.

Fotos: frechverlag GmbH + Co. Druck KG, 70499 Stuttgart; Fotostudio Ullrich & Co., Renningen

Auflage: 5. 4. 3. 2. 1. | Letzte Zahlen
Jahr 2001 2000 1999 98 97 | maßgebend

frechverlag GmbH + Co. Druck KG, 70499 Stuttgart
Druck: frechverlag GmbH + Co. Druck KG, 70499 Stuttgart
ISBN 3-7724-2239-X · Best.-Nr. 2239

O Tannen-baum . . .

Adventszeit, Weihnachten, die Vorfreude auf das kommende neue Jahr – das ist die Zeit, in der jeder Grüße an seine Lieben verschickt: Einladungen kommen ins Haus, Glückwünsche und Bilder der Familie erfreuen Verwandte, Freunde und Bekannte – am meisten natürlich, wenn die Karten persönlich und individuell gestaltet worden sind!

Wir haben versucht, die Stimmung rund um die Advents-, Weihnachts- und Neujahrszeit mit all ihren Farben und beliebten Motiven einzufangen und in eine ganze Reihe von Glückwunschkarten umzusetzen. Lassen Sie sich davon zu eigenen Kreationen anregen!

Dieses Buch zeigt Ihnen, wie Sie mit wenig Bastelaufwand kleine Geschenke anfertigen können: Jede Karte ist ein von Ihnen selbst gestaltetes Einzelstück und ein Ausdruck Ihrer Kreativität. Jeder, der eine solche Karte erhält, spürt darin etwas von der Freude, die Sie beim Basteln empfunden haben.

Eine schöne Zeit
wünschen Ihnen
Heidrun und Hans H. Röhr

Ein ganzer Schlitten voller Pakete

- *Weiße Doppelkarte, A5, Querformat*
- *Bastelkarton oder Tonpapier in Rot, Weiß, Hautfarben, Schwarz, Grün, Gelb, Blau und Silber (z. B. Cromar-Papier, Alu-Bastelkarton)*
- *Dünner Silberstift*
- *Breiter Silberstift zum Umranden*
- *Glitter-Farbe in Silber*
- *Schwarzer Filzstift*
- *Lochzange*

1. Schablonen für alle Einzelteile anfertigen (s. Vorlagenbogen). Die Umrisse mit spitzem Bleistift auf den farbigen Bastelkarton übertragen und alle Teile ausschneiden.
2. Pakete in beliebiger Farbe und Form ausschneiden.
3. Mit Hilfe der Lochzange im Nikolausbart ein kleines Loch für den Mund anbringen. Der Mund kann auch mit einem roten Filzstift aufgemalt werden.
4. Vor dem Aufkleben alle Nikolaus-Teile und die Pakete mit dem breiten Silberstift umranden.
5. Nikolaus und Schlitten mit Paketen auf die Karte kleben.
6. Augen und Nase mit dem schwarzen Filzstift aufmalen.
7. Mit dem feinen Silberstift umranden, Gürtel und Arme bemalen, die Schleifchen an die Pakete malen und die Karte nach Wunsch beschriften.
8. Zum Schluß mit der Glitterfarbe Schneeflocken und Schnee aufmalen.

Rupfen-Nikolaus

- *Doppelkarte aus Naturwellpappe, A5, Hochformat (z. B. von Hobbidee)*
- *Bastelkarton oder Tonpapier in Grün: 13,5 cm x 19 cm*
- *Rupfen, 20 cm x 15 cm, für Nikolauskörper*
- *Filz in Rot, Schwarz, Weiß, Hautfarben und in Braun (7 cm x 14 cm für das Säckchen)*
- *Stickmalfarbe in Rot*
- *Rote Kordel, 20 cm*
- *Zwei Wackelaugen, ⌀ 7 mm*
- *Watte*
- *Nadel mit Faden oder Stoffkleber*
- *Dünner Goldstift; Filzstift*

1. Nikolauskörper aus dem Rupfen ausschneiden (s. Vorlagenbogen).
2. Schablonen von allen Teilen anfertigen, dann die Umrisse mit Filzstift auf den Bastelfilz übertragen und alle Einzelteile ausschneiden.
3. Filzsäckchen anfertigen: den Streifen aus Filz übereinanderklappen und am Rand zusammennähen oder verkleben, mit etwas Watte ausstopfen und mit der Kordel verschnüren.
4. Alle Teile zusammenkleben, dann Nase und Mund mit der Stickmalfarbe aufmalen.
5. Karte nach Wunsch beschriften.

Fröhliche Weihnachten
Herzliche Weihnachtsgrüße

Ein Sack voller Geld

- *Doppelkarte aus Naturwellpappe, A5, Hochformat (z. B. von Hobbidee)*
- *Rupfen, 20 cm x 20 cm*
- *Grünes Schöpfpapier*
- *Bänder in Rot und Rot-Grün, je 20 cm*
- *Dünner Goldstift*
- *Rote Kordel, 20 cm*
- *Dünne Zweige, mit Golddraht gebunden*

1. Ein Rechteck von 13 cm x 19 cm aus dem Rupfen ausschneiden, am Rand etwas ausfransen und mit ein wenig Klebstoff auf die Karte kleben.
2. Aus dem grünen Schöpfpapier mit der Hand ein unregelmäßiges Viereck ausreißen und die Bänder oben übereinandergelegt aufkleben (die Enden nach hinten umlegen und befestigen).
3. Ein Rupfen-Streifen von 7 cm x 14 cm wird mit der roten Kordel zu einem Säckchen zusammengebunden, dann mit der „Nikolausrute" verziert und aufgeklebt.
4. Das mit den Bändern und dem Säckchen verzierte Schöpfpapierstück aufkleben, Karte mit Goldstift beschriften und das Geldsäckchen mit beliebig vielen grünen Banknoten füllen.

Karte mit Nikolausstiefel

- *Grüne Wellpappe-Karte, A6, Hochformat (z. B. von Hobbidee, Passepartout-Karte)*
- *Rupfen, 7 cm x 14 cm*
- *Holzstiefel (z. B. von Hobbidee)*
- *Bänder: in Rot, 4 cm breit; Rot-Grün, 2,5 cm breit und Rot, 5 mm breit (jeweils 15 cm lang)*
- *Dünne Zweige, mit Golddraht gebunden*
- *HOLZ-PEN, breit, in Rot und Weiß (Hobbidee)*
- *Dünner Goldstift*
- *Klarlack, z. B. zum Sprühen*
- *Golddraht*

1. Das Rupfenstück am Rand ausfransen und schräg auf die Karte kleben.
2. Die beiden breiten Bänder darüber befestigen, die Enden nach hinten umklappen und festkleben; Innenkarte dagegenkleben.
3. Holzstiefel mit rotem und weißem HOLZ-PEN bemalen und anschließend farblos lackieren.
4. Die Ränder mit dem Goldstift bemalen und einen beliebigen Text auf den Stiefel schreiben.
5. Am Stiefel eine Aufhängung aus Golddraht anbringen und mit dem schmalen, roten Band an das Zweigbündel knoten, oben mit einer Schleife verzieren.
6. Zweigbündel auf die Karte kleben.

Frohe Festtage
Frohes Fest

Karte mit duftendem Wachs

- *Weiße Wellpappe-Karte, A6, Hochformat (z. B. von Hobbidee, Passepartout-Karte)*
- *Weißes Papierband mit Goldpunkten oder Strohseide, 7 cm x 7 cm*
- *Goldkordel, 25 cm*
- *Schmale, goldene Zackenlitze, 25 cm*
- *Bienenwachs(waben)platte und Docht*
- *Grüne Zweige*
- *Kleine Stern-Ausstechform*
- *Dünner Goldstift*

1. Das weiße Papierband hinter den Passepartout-Ausschnitt kleben, mit der Zackenlitze den Rand verzieren und die Innenkarte dagegenkleben.
2. Grüne Zweige ankleben.
3. Stern-Ausstecher in heißes Wasser legen, die Bienenwachsplatte leicht anwärmen (z. B. auf Heizung) und dann den Stern ausstechen. Vorsicht beim Herausdrücken aus der Form!
4. Mit einer spitzen Schere ein kleines Loch in den Wachsstern stechen.
5. Die Goldkordel um die Karte verknoten, den Stern an einem Ende mit einem Knoten befestigen.
6. Für die kleine Kerze eine Platte von ca. 3 cm x 3 cm aus dem Wachs schneiden, den Docht anlegen und eng aufrollen.
7. Zackenlitze am unteren Rand der Kerze fixieren und am Zweig befestigen.
8. Zuletzt Karte nach Wunsch beschriften.

Karte mit feinem Gewürzduft

- *Doppelkarte aus brauner Wellpappe, A6 (z. B. von Hobbidee, Passepartout-Karte)*
- *Große Zimtstange*
- *Sternanis (z. B. aus der Apotheke)*
- *Goldkordel, 25 cm*
- *Band aus weißem Papier mit Notenaufdruck oder dünnes Schöpfpapier, 7 cm x 7 cm*
- *Braunes Tonpapier (als Spruchband)*
- *Dünner Goldstift*
- *Getrocknete Orangenscheibe*
- *Golddraht*
- *Lochzange*

1. Das weiße Papier hinter den Passepartout-Ausschnitt kleben.
2. Die Goldkordel um die Zimtstange wickeln und verknoten.
3. Zimtstange und Orangenscheibe festkleben.
4. Mit der Lochzange durch die Karte ein Loch stanzen, die Karte mit Golddraht verschließen und die Öffnung auf der Vorderseite mit einem Sternanis verzieren.
5. Zur Beschriftung einen gebogenen Streifen aus braunem Tonpapier ausschneiden, mit dem Goldstift umranden und beliebig beschriften, dann aufkleben.

TIP: Getrocknete Orangenscheiben können Sie sehr einfach selbst herstellen, indem Sie dünne Orangenscheiben im Backofen trocknen (Umluft bei 70 Grad, ca. 3 Stunden bei leicht geöffneter Tür).

Schneemann-Karte

- *Doppelkarte aus weißer Wellpappe, A5, 21 cm x 29 cm*
- *Weiße Strohseide, 12 cm x 19 cm, auf gleichgroßen weißen Karton geklebt*
- *Alu-Bastelkarton in Blau und Silber*
- *Gitterstoff in Silber*
- *Blaue Feder*
- *Schmales, blaues Seidenband, 15 cm*
- *Blaue Zackenlitze, 30 cm*
- *Blaues Tonpapier*
- *Dünner Silberstift*
- *Relieffarbe in Schwarz, Weiß und Orange*

1. Für die Karte aus weißer Wellpappe ein Rechteck von 21 cm x 29 cm mit dem Cutter ausschneiden, in der Kartenmitte von der Rückseite her vorsichtig anritzen und falzen.
2. Das Strohseide-Blatt aufkleben.
3. Rechte obere Ecke des Karten-Deckblattes mit dem Cutter abschneiden.
4. Die Innenfläche der Karte mit einem passenden Blatt aus blauem Tonpapier bekleben, Gitterstoff vorn am unteren Rand aufkleben.
5. Für alle Teile des Schneemanns Schablonen herstellen (s. Vorlagenbogen), Muster auf den silbernen bzw. blauen Alu-Bastelkarton übertragen und ausschneiden.
6. Die Nase mit Relieffarbe in Orange anmalen und trocknen lassen.
7. Schneemann zusammenkleben, mit Schleife verzieren und mit Hut und Feder auf die Karte kleben.
8. Zackenlitze rechts und unten am Rand ankleben.
9. Augen, Mund und Knöpfe mit schwarzer, dann die Beschriftung und die Schneeflocken mit weißer Relieffarbe aufbringen.

Edler Silberstern auf blauem Band

- *Doppelkarte aus weißer Wellpappe, A5, 21 cm x 29 cm*
- *Weißer Bastelkarton, 12 cm x 19 cm*
- *Alu-Prägefolie in Silber*
- *Breites blaues Seidenband, 24 cm*
- *Kleine silberne Sterne (als Fertigteil oder mit einem Stanzer aus silberfarbener Prägefolie selbst hergestellt)*
- *Dünner Silberstift*
- *Kugelschreiber, Zahnstocher*

1. Die Doppelkarte ausschneiden und falzen, wie oben beschrieben.
2. Den weißen Karton vorne aufkleben.
3. Blaues Band anbringen, die Ränder umlegen und innen festkleben.
4. Die Schablone für den Silberstern (s. Vorlagenbogen) auf die Rückseite der Prägefolie legen und so mit dem Kugelschreiber umfahren, daß sich der Umriß vorne durchdrückt. Verwenden Sie dabei eine dicke Papierunterlage. Dann die kleinen Kreise mit

dem Kugelschreiber mit eingefahrener Mine in die Folie prägen.

5. Silberstern mit einem schmalen Rand neben der Prägelinie ausschneiden und aufkleben.

6. Die kleinen Silbersterne aufkleben. Der Klebstoff wird dabei am besten mit einem Zahnstocher aufgetupft.

7. Karte mit dem Silberstift nach Wunsch beschriften.

Eine blaue Geldtüte

- *Weiße Passepartout-Doppelkarte, A5, mit großem Rechteck-Ausschnitt*
- *Borte in Blau/Gold, ca. 60 cm*
- *Blaue Strohseide, 12 cm x 19 cm*
- *Blaues Rupfenband, ca. 35 cm*
- *Blaue Kordel, 50 cm*
- *Weiße Wellpappe*
- *Blaues Papier für Tüte mit blauem Geldschein*
- *Dünner Goldstift*

1. Den Rand des Passepartout-Ausschnitts mit der Borte bekleben.
2. Die weiße Innenkarte mit der blauen Strohseide überziehen, das Rupfenband dann schräg auflegen und die Innenkarte so hinter den Ausschnitt kleben, daß das Band einmal innen und einmal außen übersteht.
3. Die Bandenden etwas aufrollen und festkleben.
4. Die Geldtüte wird aus einem kleinen Dreieck aus blauem Papier zusammengeklebt (s. Vorlagenbogen) und nach Wunsch beschriftet.
5. Dreieckige Unterlage aus weißer Wellpappe ausschneiden und zusammen mit der Tüte auf die Karte kleben.
6. Einen Geldschein eng falten und in die Tüte stecken, blaue Kordel arrangieren und festkleben.

Karte mit blauem Holzstern

- *Weiße Passepartout-Doppelkarte, A6 (z. B. Karo-Fensterkarte von Hobbidee)*
- *Weiße Strohseide, 9 cm x 11 cm*
- *Borte in Blau/Gold, ca. 50 cm*
- *Holzstern mit Loch (z. B. von Hobbidee)*
- *HOLZ-PEN in Blau (Hobbidee)*
- *Klarlack, z. B. zum Sprühen*
- *Dünner Goldstift*
- *Dünne Goldkordel*

1. Holzstern blau bemalen, trocknen lassen und dann mit Klarlack überziehen. Der Lack schützt und intensiviert die Farbe.
2. Mit dem Goldstift die Ränder des Holzsterns verzieren.
3. Borte durch die Karo-Ausschnitte ziehen und mit einer Schleife fixieren.
4. Ausschnitt mit Strohseide und Innenkarte hinterkleben.
5. Stern mit einem Stück Goldkordel an der Schleife festbinden.
6. Zum Schluß die Karte nach Wunsch beschriften.

Frohes Fest
Fröhliche Weihnachten

Goldener Mond

- *Doppelkarte aus goldfarbener Color-Wellpappe, A5*
- *Goldfarbener Bastelkarton, 11 cm x 17 cm (z. B. Cromolux)*
- *Gitterstoff oder Band in Gold, 25 cm*
- *Breites, glänzendes Goldband, 20 cm*
- *Holzmond (z. B. von Hobbidee)*
- *HOLZ-PEN in Gold (Hobbidee) oder Goldspray, evtl. Goldglitter zum Bestreuen*
- *Goldkordel, 20 cm*
- *Golddraht*
- *Zimtstange, ca. 10 cm*

1. Mond und Zimtstange mit Goldfarbe bemalen oder besprühen, falls gewünscht noch mit Goldglitter bestreuen.
2. Für die Karte aus der goldenen Color-Wellpappe ein Rechteck von 21 cm x 29 cm mit dem Cutter ausschneiden, in Kartenmitte von der Rückseite her vorsichtig anritzen und falzen.
3. Das Rechteck aus Goldkarton auf die Kartenvorderseite kleben.
4. Gitterstoff und Bänder arrangieren und festkleben.
5. Die Zimtstange und ein kleines Stück Gitterstoff mit der Goldkordel umwickeln und ankleben.
6. Zum Schluß den Mond andrahten und in die Zimtstange einhängen.

Festliche Kartengrüße in Gold

- *Weiße Passepartout-Doppelkarte, A5, mit großem Ausschnitt*
- *Schöpfpapier in Naturfarbe*
- *Gitterstoff oder Band in Gold, 20 cm*
- *Breites Goldband, 20 cm*
- *Ilex-Zweig, vergoldet*
- *Zimtstange, ca. 10 cm*
- *Goldspray und Glitter (zum Bestreuen)*
- *Dünner Goldstift*
- *Engelshaar („Flower-Hair“)*

1. Schöpfpapier etwas größer als den Karten-Ausschnitt zuschneiden und auf die Passepartout-Innenkarte kleben.
2. Bänder und Engelshaar darauf arrangieren, dann von hinten in den Passepartout-Ausschnitt einkleben.
3. Zimtstange teilweise mit Gold besprühen (oder mit Goldstift bemalen) und anschließend sofort mit Glitter bestreuen.
4. Zum Schluß die Zimtstange zusammen mit dem Ilex aufkleben und die Karte nach Wunsch beschriften.

Ein frohes Fest

Engel auf Gold

- *Weiße Doppelkarte, A5, Hochformat*
- *Weiß-goldener Stoffengel (Fertigteil)*
- *Schöpfpapier in Naturfarbe, 12 cm x 17 cm*
- *Weißer Karton, 12 cm x 17 cm*
- *Breites Goldband, ca. 15 cm*
- *Gold-Gitterstoff, 15 cm*
- *Dünner Goldstift*
- *Dünne Goldkordel, 60 cm*
- *Kleiner Buchs-Zweig*

1. Das Schöpfpapier auf den weißen Karton kleben, darauf den Gitterstoff und das Goldband arrangieren und die Enden auf der Rückseite ankleben.
2. Einige Buchsblätter mit dem Goldstift bemalen.
3. Engel und Buchszweig aufkleben, dann alles auf der Vorderseite der Karte anbringen.
4. Zum Schluß Karte beliebig beschriften und mit der Goldkordel verzieren.

Engel auf Zimtband

- *Doppelkarte aus naturfarbener Wellpappe, A5, Hochformat*
- *Weiß-goldener Engelkopf (Fertigteil)*
- *Cremefarbener Stoff, 13 cm x 19 cm*
- *Schöpfpapier-Band in Naturfarbe, ca. 15 cm; Goldband, ca. 50 cm*
- *Weißer Karton, 13 cm x 19 cm*
- *Breites Band in Zimtfarbe, ca. 25 cm*
- *Gold-Gitterstoff oder Band, 20 cm*
- *Dünne Goldkordel*

1. Den Karton mit Stoff überziehen und auf der Wellpappe-Karte festkleben.
2. Gitterstoff, Schöpfpapier und Zimtband arrangieren und mit Klebstoff fixieren.
3. Aus dem Goldband eine große Schleife legen, mit der Goldkordel zubinden, den Engel mit der Kordel daranbinden und festkleben.

Engel auf goldener Passepartout-Karte

- *Goldene Passepartout-Karte, A6*
- *Weiß-goldener Engelkopf (Fertigteil)*
- *Dünnes Schöpfpapier in Naturfarbe, ca. 10 cm*
- *Cremefarbenes Band mit Goldrand, ca. 40 cm*
- *Engelshaar („Flower-Hair“)*
- *Dünne Goldkordel oder Golddraht*
- *Dünner Goldstift*

1. Den Ausschnitt der Karte mit Schöpfpapier hinterkleben.
2. Aus dem Band eine große Schleife legen, mit Goldkordel zubinden, den Engel daranbinden und aufkleben.
3. Karte mit Engelshaar schmücken.

Frohe Festtage

Kerzenschein auf roter Karte

- *Rote Passepartout-Doppelkarte, A5, Hochformat (Karo-Fensterkarte, z. B. von Hobbidee)*
- *Gelbe Strohseide*
- *Schmales, grünes Seidenband, ca. 60 cm*
- *Holzkerze (z. B. von Hobbidee)*
- *HOLZ-PEN in Grün, Weiß und Gelb (Hobbidee)*
- *Glitterfarbe in Gold*
- *Klarlack, z. B. zum Sprühen*
- *Dünner Goldstift, Klebe-Pads*

1. Die Ränder des Passepartout-Ausschnitts mit dem Seidenband umschlingen und mit einer Schleife verzieren.
2. Die Holzkerze bemalen und nach dem Trocknen mit Klarlack besprühen.
3. Die Ränder der Holzkerze nach dem Trocknen des Lacks mit feinem Goldstift nachfahren.
4. Die weiße Passepartout-Innenkarte mit der gelben Strohseide beziehen und hinter den Kartenausschnitt kleben, dann Kerze mit einem Klebepad vor dem Ausschnitt befestigen.
5. Die Karte nach Wunsch beschriften und zuletzt mit Goldglitter verzieren.

Holzengel auf grüner Karte

- *Grüne Passepartout-Doppelkarte aus Wellpappe, A6*
- *Grüner Dekostoff*
- *Holzengel (z. B. von Hobbidee)*
- *HOLZ-PEN in Weiß und Gold (Hobbidee)*
- *Klarlack, z. B. zum Sprühen*
- *Goldene Metallfolie oder Komet als Fertigteil*
- *Kleine Goldsterne (Fertigteile oder mit Stanzer selbst hergestellt)*
- *Weißes Papier, dünner Goldstift*
- *Lochzange, dünne Goldkordel*
- *Kugelschreiber, Zahnstocher*
- *Klebe-Pads*

1. Den Passepartout-Ausschnitt mit dem grünem Stoff hinterlegen und Innenkarte dagegenkleben.
2. Den Holzengel weiß und goldfarben bemalen, nach dem Trocknen mit Klarlack besprühen.
3. Den Engel mit Klebe-Pads auf der Karte befestigen.
4. Mit einem Zahnstocher etwas Klebstoff auf die kleinen Sternchen tupfen und dann auf der Karte befestigen.
5. Schablone für den Kometen anfertigen (s. Vorlagenbogen), von hinten auf die Goldfolie legen und alle Ränder mit dem Kugelschreiber nachfahren. Verwenden Sie dabei als Unterlage eine dicke Zeitung.
6. Den Kometen mit kleiner Zugabe am Rand vorsichtig ausschneiden und mit einem Klebe-Pad auf der Karte anbringen.

7. Aus dem weißen Papier einen schmalen Streifen ausschneiden (vorher beschriften), Enden einrollen und auf die Karte kleben.
8. Mit der Lochzange durch die Karte ein Loch stanzen und die Karte mit einer Goldkordel verschließen.

Goldener Tannenbaum

- *Grüne Doppelkarte, A5, Hochformat*
- *Grünes Schöpfpapier*
- *Starke Metallfolie in Gold*
- *Kleine Goldsterne (Fertigteile oder mit Stanzer selbst hergestellt)*
- *Engelshaar („Flower-Hair“)*
- *Dünner Goldstift*
- *Kugelschreiber*
- *Gebogene Schere, z. B. Nagelschere*
- *Klebe-Pad*
- *Zahnstocher*

1. Eine Platte aus dem grünen Schöpfpapier in passender Größe vorsichtig abreißen oder ausschneiden und auf die Karte kleben.
2. Schablone für den Tannenbaum anfertigen (s. Vorlagenbogen), von hinten auf die Goldfolie legen und alle Ränder mit dem Kugelschreiber nachfahren. Verwenden Sie dabei als Unterlage eine dicke Zeitung.
3. Die „Zierkette“ prägen Sie, indem Sie kleine Kreise mit dem Kugelschreiber (eingefahrene Mine) von hinten durchdrücken.
4. Den Tannenbaum mit kleiner Zugabe am Rand vorsichtig mit einer gebogenen Schere ausschneiden und mit einem Klebe-Pad auf der Karte anbringen.
5. Engelshaar arrangieren und unten auf dem Schöpfpapier festkleben.
6. Mit einem Zahnstocher etwas Klebstoff auf die kleinen Goldsternchen tupfen und diese damit auf der Karte befestigen.
7. Beschriftung nach Wunsch anbringen.

Karte mit goldener Glocke

- *Grüne Doppelkarte, A5, Hochformat*
- *Schöpfpapier in Naturfarbe*
- *Starke Metallfolie in Gold*
- *Goldband, ca. 1 m*
- *Grün-beigefarbenes Band, ca. 25 cm*
- *Grünes Band, ca. 25 cm*
- *Dünner Goldstift*
- *Dünne Goldkordel*
- *Kugelschreiber*
- *Gebogene Schere, z. B. Nagelschere*
- *Klebe-Pad; Zahnstocher*

1. Aus dem Schöpfpapier ein passendes Dreieck ausschneiden und auf die Karte kleben.
2. Drei Schmuckbänder arrangieren, die unteren Enden nach hinten bzw. innen umklappen und festkleben.
3. Aus dem Goldband eine große Schleife binden, mit der Goldkordel fixieren und oben rechts auf der Karte festkleben.
4. Die Glocke – wie oben beschrieben – aus der Goldfolie anfertigen. Die Zierlinien in der Glocke werden mit dem Kugelschreiber hergestellt.
5. Die Glocke unterhalb der Schleife mit einem Klebe-Pad auf der Karte anbringen.
6. Karte nach Wunsch beschriften.

Fröhliche Weihnachten
Frohes Fest

Glockengeläut in Silber und Violett

- *Silberfarbene Colorwelle für Doppelkarte, A5 , 21 cm x 29 cm*
- *Silberfarbener Karton, 12 cm x 18 cm (z.B. Cromolux)*
- *Schöpfpapier in Violett*
- *Starke Metallfolie in Silber*
- *Silberfarbener Gitterstoff, ca. 10 cm x 10 cm*
- *Schmales Band in Silber, ca. 25 cm*
- *Dünne Silberkordel, 20 cm*
- *Dünner Silberstift*
- *Kugelschreiber*
- *Gebogene Schere, z.B. Nagelschere*
- *Klebe-Pad*

1. Aus dem Colorwelle-Bogen ein Rechteck von 21 cm x 29 cm mit dem Cutter ausschneiden. Die Mittellinie von hinten vorsichtig anritzen und die Karte falzen.
2. Das Blatt aus Silberkarton und das violette Schöpfpapier aufkleben.
3. Den Gitterstoff zu einer großen Schleife raffen, mit der Silberkordel fixieren und aus dem Silberband eine Schleife darüberbinden. Die ganze Schleife dann auf der Karte fixieren.
4. Die Herstellung der Silberglocke und der Zierprägungen ist auf der Seite 20 beschrieben.
5. Die Glocke wird mit einem Klebe-Pad unter der Schleife befestigt.
6. Karte nach Wunsch beschriften.

Violetter Tannenbaum

- *Violette Colorwelle für Doppelkarte, A5, 21 cm x 29 cm*
- *Violetter Bastelkarton*
- *Breite Goldborte, 25 cm*
- *Schmales Goldband, ca. 60 cm*
- *Kleine Goldsterne (Fertigteile oder mit Stanzer selbst hergestellt)*
- *Glitterfarbe in Gold*
- *Dünner Goldstift*
- *Bleistift*
- *Gebogene Schere, z.B. Nagelschere*
- *Klebe-Pads*
- *Zahnstocher*

1. Schablonen für die Einzelteile des Tannenbaums herstellen (s. Vorlagenbogen), mit Bleistift auf den violetten Bastelkarton übertragen, alle Teile ausschneiden und zusammenkleben.
2. Gewünschte Beschriftung auf dem Tannenbaum anbringen, den Baum mit goldener Glitterfarbe verzieren und gut trocknen lassen.
3. Aus dem Colorwelle-Bogen ein Rechteck von 21 cm x 29 cm mit dem Cutter ausschneiden, Mittellinie von hinten vorsichtig anritzen und Karte falzen.
4. Die breite Goldborte aufkleben und Tannenbaum mit Klebe-Pads anbringen.
5. Mit einem Zahnstocher etwas Klebstoff auf die kleinen Sternchen tupfen und diese auf die Karte kleben.
6. Karte mit dem schmalen Goldband zubinden.

Fröhliche Weihnacht
Frohes Fest

Ein Tannenbaum in glänzendem Rot

- *Schwarze Passepartout-Doppelkarte aus Wellpappe, A6 (z. B. von Hobbidee)*
- *Sticker-Tannenbaum, rot lackiert (Fertigteil) oder ein beliebiges anderes Motiv*
- *Goldfarbener Stoff oder Goldpapier, 8 cm x 8 cm*
- *Engelshaar („Flower-Hair")*
- *Schmales, rotes Satinband, ca. 30 cm*
- *Schwarzes Tonpapier*
- *Dünner Goldstift*
- *Klebe-Pad; Lochzange*

1. Den Goldstoff hinter den Passepartout-Ausschnitt kleben, Tannenbaum-Draht durchstechen (evtl. mit Zange verkürzen) und Innenkarte dahinterkleben.
2. Etwas Engelshaar um den Tannenbaum schlingen, mit wenig Klebstoff fixieren.
3. Mit der Lochzange ein Loch durch die Karte stanzen, rotes Band durchziehen und Schleife anbringen.
4. Tonpapierstreifen beschriften und mit einem Klebe-Pad befestigen.

TIP: Alle diese Karten sind sehr einfach und schnell anzufertigen und eignen sich besonders für Grüße in letzter Minute!

Karte mit Weihnachtsstern

- *Schwarze Passepartout-Doppelkarte aus Wellpappe, A6*
- *Goldfarbener Stoff oder Goldpapier, 8 cm x 8 cm*
- *Weihnachtsstern-Blüten aus Stoff (drei kleine oder eine große Blüte) und drei Blätter*
- *Rot-goldene Borte, ca. 25 cm*

1. Die Borte um den Passepartout-Ausschnitt kleben, und diesen mit Goldstoff bzw. -papier und der Einlegekarte hinterlegen.
2. Blüten und Blätter auf der Karte befestigen.

Ein aufgestempelter Goldstern

- *Schwarze Doppelkarte, A6*
- *Goldkordel, ca. 50 cm*
- *Musterkarton für Stempel*
- *Metallglanzfarbe in Gold (z. B. von DEKA)*
- *Pinsel*
- *Dünner Goldstift*

Anleitung auf Seite 26

Frohes Fest
Fröhliche Weihnachten

Anleitung zu Seite 24

Ein aufgestempelter Goldstern

1. Zur Herstellung des Stempels das Muster vom Vorlagenbogen auf festen Karton übertragen und ausschneiden; für den Haltegriff einen schmalen Kartonstreifen abschneiden und V-förmig falten, Kleberänder abknicken und auf die Rückseite des Stempels kleben.
2. Mit einem Pinsel die Goldfarbe gleichmäßig auf den Stern auftragen, Stempel auf die Karte drücken und vorsichtig abheben.
3. Nach dem Trocknen der Farbe die Kordel anbringen und die Karte nach Wunsch beschriften.

Die ganze Familie grüßt

- *Rote Passepartout-Doppelkarte, A6, ovaler Ausschnitt*
- *Familienfoto*
- *Kleine Gold-Sternchen, selbstklebend*
- *Glitterfarbe in Gold*
- *Dünner Goldstift*

1. Foto hinter den Passepartout-Ausschnitt kleben.
2. Karte nach Wunsch beschriften, Sternchen aufkleben und mit Glitterfarbe verzieren.

Gold und Rot - festlich und dekorativ

- *Rote Doppelkarte, A5, Hochformat*
- *Rotes Schöpfpapier*
- *Verschiedene Bänder:*
  breites Band in Gold, ca. 25 cm; breites Band in Rot mit goldenen Sternen, ca. 30 cm; schmales Band in Gold, ca. 25 cm
- *Verschiedene Muscheln, Schneckengehäuse, Steinchen etc.*
- *Goldspray*
- *Glitterfarbe in Gold*
- *Dünner Goldstift*

1. Muscheln, Schnecken und Steinchen mit dem Goldspray vergolden und trocknen lassen.
2. Dreieck aus rotem Schöpfpapier ausschneiden und auf die Karte kleben.
3. Bänder arrangieren und auf der Innen- bzw. Rückseite mit Klebstoff fixieren; Innenkarte von hinten darüberkleben.
4. Verzierungen mit Glitterfarbe aufbringen und trocknen lassen.
5. Zum Schluß die vergoldeten Dekoteilchen aufkleben und die Karte nach Wunsch beschriften.

Fröhliche Weihnachten
Fröhliche Festtage

Karte mit Goldstern

- *Braune Doppelkarte aus Wellpappe, A6, Hochformat*
- *Holzstern (z.B. von Hobbidee)*
- *Schlagmetall in Blau/Gold, geflammt*
- *Borstenpinsel zum Auflegen der Vergoldung, Anlegemilch*
- *Weicher Pinsel zum Auftragen der Anlegemilch, weicher Lappen*
- *Breites Rupfenband, ca. 25 cm*
- *Dünne Goldkordel, ca. 50 cm*
- *Schöpfpapier in Naturfarbe*
- *Dünner Goldstift, Klebe-Pad*
- *Zackenschere; Lochzange*

1. Mit weichem Pinsel die Anlegemilch auf den Holzstern (und die Ränder) dünn auftragen und mindestens 15 Minuten lang trocknen lassen.
2. Dann die dünnen Folienstücke des Schlagmetalls mit der Hand auflegen, mit dem Borstenpinsel andrücken bzw. überschüssige Folie abbürsten.
3. Metallfolie mit Lappen oder Fingerkuppe glätten und polieren.
4. Das Rupfenband auf die Karte kleben, Enden nach hinten umschlagen und festkleben.
5. Goldstern mit Klebe-Pad befestigen.
6. Den kleinen Anhänger aus Schöpfpapier zunächst nach Wunsch beschriften, dann lochen und mit der Zackenschere ausschneiden.
7. Karte mit der Goldkordel zubinden, Anhänger an einem Ende der Schleife anbringen.

TIP: Wenn Sie den Goldstern als hübsche Verzierung z.B. an einen Advents-Strauß hängen möchten, dann vergolden Sie ihn auf beiden Seiten, und bringen Sie zum Schutz einen Klarlack auf.

Rupfen-Tannenbaum mit Gold

- *Doppelkarte aus naturfarbener Wellpappe, A5, Hochformat*
- *Goldfarbener Bastelkarton, 13 cm x 19 cm (z.B. Cromar-Papier)*
- *Rupfen, ca. 12 cm x 18 cm*
- *Tapetenkleister zum Imprägnieren*
- *Weicher Pinsel*
- *Weißer Karton für den Stern*
- *Schlagmetall in Gold*
- *Borstenpinsel zum Auflegen der Vergoldung, Anlegemilch*
- *Schmales Band in Grün/Gold, ca. 50 cm; weicher Lappen*

1. Zunächst wird der Rupfen imprägniert. Dafür Tapetenkleister nach Vorschrift anrühren, Rupfen gut einstreichen und über Nacht trocknen lassen.
2. Den Tannenbaum aus Rupfen und den Stern aus Bastelkarton zuschneiden (s. Vorlagenbogen).

3. Beide Teile vergolden; dazu mit weichem Pinsel die Anlegemilch flächig auf den Stern auftragen, auf den Rupfen-Tannenbaum jedoch nur unregelmäßig auftupfen. Teile mindestens 15 Minuten lang trocknen lassen.
4. Dann die dünnen Folienstücke des Schlagmetalls mit der Hand auflegen, mit dem Borstenpinsel andrücken und überschüssige Folie abbürsten.
5. Metallfolie mit einem weichen Lappen oder der Fingerkuppe glätten.
6. Ein Rechteck von 21 cm x 29 cm für die Karte aus der Wellpappe ausschneiden und mittig falzen.
7. Goldkarton flächig auf Karte kleben, Tannenbaum und Stern mit Klebstoff fixieren und Karte mit dem grüngoldenen Band verschließen.

Karte mit Schlagmetall-Engel

- *Grüne Doppelkarte aus Bastelkarton, A5, Hochformat*
- *Weißer Bastelkarton, 12 cm x 15 cm (zweimal)*
- *Schlagmetall in Blau/Gold, geflammt; weicher Pinsel*
- *Borstenpinsel zum Auflegen der Vergoldung, Anlegemilch*
- *Schmale goldene Zackenlitze, ca. 60 cm*
- *Streifen aus weißem Papier für Beschriftung*
- *Dünner Goldstift, Klebe-Pads*
- *Zahnstocher, weicher Lappen*

1. Schablonen für Engel und Heiligenschein herstellen (s. Vorlagenbogen) und beide Teile aus weißem Karton ausschneiden.
2. Mit einem weichen Pinsel die Anlegemilch auf den Engel und den Heiligenschein dünn auftragen (nur auf die zu vergoldenden Flächen!) und mindestens 15 Minuten lang trocknen lassen.
3. Dann die dünnen Folienstücke des Schlagmetalls mit der Hand auflegen, mit dem Borstenpinsel andrücken und überschüssige Folie abbürsten.
4. Metallfolie mit einem weichem Lappen oder der Fingerkuppe glätten und polieren.
5. Das Rechteck aus weißem Karton mit der Zackenlitze umranden; dabei Klebstoff mit dem Zahnstocher auftragen.
6. Die Kartonplatte auf die Karte kleben, den Heiligenschein hinter dem Engelkopf fixieren und Engel mit Klebe-Pads aufbringen.
7. Gewünschte Beschriftung auf weißem Papier mit dem Goldstift anbringen, Streifen ausschneiden, die Enden einrollen und auf die Karte kleben.

Zum Jahresausklang ein Feuerwerk

- *Goldfarbener Bastelkarton (Cromolux), 21 cm x 29 cm*
- *Dunkelblauer Bastelkarton, 13,5 cm x 20 cm*
- *Schlagmetall in Gold/Blau, geflammt*
- *Borstenpinsel zum Auflegen der Vergoldung*
- *Anlegemilch*
- *Feiner Haarpinsel*
- *Dünner Goldstift*
- *Weicher Lappen*

1. Ein Rechteck in A4-Größe mit Cutter aus dem goldenen Bastelkarton schneiden, auf der Rückseite mittig leicht anritzen und zur Doppelkarte falzen.
2. Mit der Anlegemilch und einem feinen Haarpinsel das Feuerwerk frei Hand auf den blauen Karton malen, mindestens 15 Minuten lang trocknen lassen.
3. Dann die dünnen Folienstücke des Schlagmetalls mit der Hand auflegen,

mit dem Borstenpinsel andrücken und überschüssige Folie abbürsten.

4. Metallfolie mit der Fingerkuppe oder einem weichen Lappen glätten und polieren.

5. Gewünschte Beschriftung anbringen und blauen Karton auf die Karte kleben.

Guten Rutsch ins neue Jahr

- Schwarze Colorwelle für Doppelkarte, A5, Hochformat
- Schwarzer Glanzkarton
- Goldfarbener Glanzkarton (z. B. Cromar-Papier, Alu-Bastelkarton)
- Grüner, weißer und roter Bastelkarton
- Roter Bast, Klebe-Pads
- Schöpfpapier in Rot
- Goldstift, extrafein und mittelbreit
- HOLZ-PEN in Weiß (Hobbidee)
- Zackenschere; Lochzange

1. Ein Rechteck in A4 mit dem Cutter aus schwarzer Colorwelle ausschneiden, auf der Rückseite mittig anritzen und Doppelkarte falzen.
2. Schablonen für Schornsteinfeger, Kleeblatt, Pilz, Hufeisen und Leiter herstellen (s. Vorlagenbogen), die Formen mit dem Bleistift auf den entsprechenden Karton übertragen und ausschneiden. Die Leiter schneiden Sie am besten mit Cutter und Lineal aus.
3. Mit dem breiten Goldstift die Ränder des Schornsteinfegers vergolden und die Knöpfe aufmalen. Gesicht und Hufeisen werden mit dem feinen Goldstift aufgemalt.
4. Für die Fliege einen Knoten in den Bast machen, rechts und links gerade schneiden, die Enden auseinanderzupfen und mit einem Tropfen Klebstoff anbringen.
5. Pilz zusammenkleben und den roten Pilzhut mit weißen Tupfen verzieren (HOLZ-PEN).
6. Schöpfpapier zurechtschneiden, auf die Karte kleben. Leiter aufbringen und den Schornsteinfeger mit einem Klebe-Pad auf die Leiter stellen.
7. Alle Glücksbringer arrangieren und festkleben.
8. Die gewünschte Beschriftung mit feinem Goldstift auf dem Schöpfpapier erstellen, das Stück mit der Zackenschere ausschneiden und mit einem Klebe-Pad anbringen.
9. Mit der Lochzange ein Loch durch die Karte stanzen und Karte mit einer Bastschleife verschließen.